Bibliografische Information der Deutschen Nationalbibliothek:

Die Deutsche Bibliothek verzeichnet diese Publikation in der Deutschen National-
bibliografie; detaillierte bibliografische Daten sind im Internet über http://dnb.d-
nb.de/ abrufbar.

Impressum:

Copyright © 2018 GRIN Verlag
Druck und Bindung: Books on Demand GmbH, Norderstedt Germany
ISBN: 9783668920750

Dieses Buch bei GRIN:

https://www.grin.com/document/463426

Anton Sulger

Strategische Unternehmensführung II. Wandel in der Medizintechnik AG

GRIN Verlag

GRIN - Your knowledge has value

Deutsche Hochschule für

Prävention und Gesundheitsmanagement

Hermann Neuberger Sportschule 3

66123 Saarbrücken

Einsendeaufgabe

Fachmodul: Strategische Unternehmensführung II

Studiengang: MPGM

Name, Vorname: Sulger, Anton

Studienort: Saarbrücken

Semester: 1

Inhaltsverzeichnis

1 Bodo Müllers Plan

1.1 Gründe für den Wandel

In folgender Auflistung werden drei Gründe für den Wandel in der Medizintechnik AG, welcher von Bodo Müller initiiert wurde, dargestellt:

1. Veränderung des deutschen Gesundheitswesens hin zu wirtschaftlich und ökonomisch effizientem Handeln.

2. Niedrige Wachstumsraten aufgrund der allgemein geteilten politischen Meinung einer weiteren Erhöhung der Gesundheitsausgaben entgegenzuwirken.

3. Verlagerung der Kaufentscheidung von Krankenhausärzten zu Krankenhausadministration.

Alle drei Gründe sind aus der Aufgabenstellung zu entnehmen.

1.2 Aspekte des Strategiewandels

In folgender Aufzählung werden drei Aspekte von Bodo Müllers Plan hinsichtlich des Change Managements dargestellt und erläutert.

1. **Anpassung von Marketing und Verkauf an die Bedürfnisse des „C – Level"**

   Marketing und Verkauf müssen an die veränderten Ansprüche der Krankenhäuser angepasst werden. Das heißt, es muss gezielt Geld in C-Level Marketing und Verkauf investiert werden, um den zukünftigen Kaufentscheider damit zu erreichen. Das Marketing und der Verkauf sollen an die Krankenhausärzte gerichtet werden, welche immer weniger an den Kaufentscheidungen beteiligt sind. Dies kann zum Beispiel erreicht werden, indem beim Marketing mehr Wert auf Kosten und Effizienz gelegt wird. Auf diese Weise wird die Wirtschaftlichkeit des Kaufes dargelegt.

2. **Zusammenführung der Marketingsektionen aller Produktlinien**

Aktuell ist in der Medizintechnik AG eine Matrixorganisation für die Marketingsektionen der jeweiligen Produktlinien vorherrschend. Das bedeutet, dass jede Produktlinie über ihre eigene Marketingsektion verfügt. Die jeweiligen Manager der Marketingsektionen agieren unabhängig voneinander und sind untereinander gleichgestellt. Um die Anpassung von Marketing und Verkauf zu ermöglichen, plant Bodo Müller alle Marketingsektionen zu vereinen.

3. **Umstellung auf ganzheitliche Lösungen**

Der in Aufgabe 1 beschriebene Wandel des deutschen Gesundheitswesens bringt neue Anforderungen an die Gesundheits- und Medizintechnik AG mit sich.

Bisher präsentierte sich das Unternehmen auf dem Markt stets als technologie- und ingenieurorientiert. Bodo Müller plant in Zukunft mehr auf ganzheitliche Lösungen zu setzen, um den veränderten Ansprüchen gerecht zu werden.

1.3 Barrieren und Widerstände

In folgender Auflistung werden vier konkrete Beispiele für Barrieren und Widerstände dargelegt, welche den von Bodo Müller initiierten Wandel entgegenstehen könnten:

1. Durch die Zusammenführung der Marketingsegmente müssen einige Marketingmanager sich degradieren oder werden nicht mehr gebraucht, wobei einer von ihnen die Leitung übernehmen muss. Dies kann selbstverständlich auf Widerstände stoßen, da die Marketingmanager um ihren Job fürchten müssen.

2. Aufgrund des von Bodo Müller angeforderten Marketingbudgets würden sich die einzelnen Marketingsegmente in ihrer finanziellen Position schwächen. Die Manager können weniger Budget in ihre internen Vorgänge stecken und werden dementsprechend niedrigere Outcome-Effekte erzielen. Welcher Marketingmanager teilt schon gerne sein Budget?

3. Meist sind die Mitarbeiter dem Wandel eher abgeneigt, da er für sie durch Veränderungsprozesse und Umdenken mehr Arbeit bedeutet und der Mensch in der Regel den Weg des geringsten Widerstandes wählt.

4. Ein weiteres Manko in Bodo Müllers Plan ist, dass er nur die Marketingmanager zu seinem Treffen eingeladen hat. Es sind weder Arbeiter aus den verschiedenen Segmenten vertreten noch ist die oberste Führungsebene miteinbezogen. Besonders letzterer Punkt kann den Wandel schwierig gestalten. Falls die Führungsebene und die Mitarbeiter nicht einverstanden sind, werden sie den Wandel boykottieren, da sie ihn nicht für notwendig empfinden.

2 Change Management

2.1 Gründe für das Scheitern

In folgender Auflistung werden bezogen auf Kotters 8-Stufen Modell vier Gründe dargestellt und anschließend werden die Gründe für das Scheitern des Wandels erläutert.

1. **Zu viel Selbstgefälligkeit**

   Bodo Müller war so überzeugt von seiner eigenen Idee, dass er davon ausging, dass jeder, den er mit ins Boot nimmt, direkt die Sinnhaftigkeit und Notwendigkeit des Wandels erkennt.

2. **Fehlen einer ausreichend starken Führungskoalition**

   Bodo Müller hat weder die oberste Führungsebene noch die unterste Ebene miteinbezogen, sondern nur diejenigen, die für das Marketing zuständig sind.

3. **Unterschätzung der Kraft der Vision**

   Bodo Müller hat es versäumt, die Vision mit seinem Wandel zu verknüpfen. Die Vision entzieht sich komplett seiner Aufmerksamkeit, wobei sie als Werkzeug für das Mitreißen von Mitarbeitern sehr wertvoll sein kann. Sein Vortrag ist zu sachlich und zu wenig emotional.

4. **Keine Berücksichtigung der betriebsinternen Kultur**

   Bodo Müller schenkt der internen Kultur keine Beachtung und versucht sie auch nicht zu seinem Vorteil zu nutzen. Hingegen geht er davon aus, dass die Marketingmanager die alleinige Entscheidungsgewalt haben und ihre jeweilige Abteilung dazu motivieren, aktiv am Wandel teilzuhaben.

2.2 Herbeiführung von Veränderungen

In folgender Aufzählung wird darauf eingegangen, wie der Wandel hätte umgesetzt werden können, indem Kotters weiterentwickeltes 8-Beschleuniger Modell auf die konkrete Situation übertragen wird.

1. **Wecken des Gefühls der Dringlichkeit**

   Bodo Müller hätte sowohl unter den Führungskräften als auch unter dem Mitarbeitern ein Bewusstsein für die Dringlichkeit des Wandels erzeugen müssen. Dies hätte er beispielsweise durch die Darstellung von Positiv- und Negativbeispielen erreichen können. Das heißt, er hätte Beispiele für Unternehmen geben können, welche aufgrund einer Nicht-Entwicklung zu Grunde gegangen sind, und umgekehrt Beispiele für Unternehmen geben können, welche aufgrund eines Wandels erfolgreich geblieben oder geworden sind.

2. Zusammenstellen eines starken Leistungsteams

Bodo Müller hätte sich mehr darauf konzentrieren sollen, richtungsweisende Personen (sei es aus oberster Führungsebene oder sog. Informelle Führer aus allen Ebenen) für seine Sache zu gewinnen, welche letzten Endes die anderen mitreißen und zum Wandel befähigen. Hierbei hätte er besonderen Wert darauf legen sollen, dass aus jeder Abteilung, aus jeder Sektion Mitarbeiter mit den unterschiedlichsten Kompetenzen und Ansichten zusammenkommen.

3. Entwickeln von klaren Zielvorstellungen und konkreter Veränderungsstrategie

Bodo Müller hat die Strategie sowie die Vision komplett alleine entwickelt und die Mitarbeiter und Führungskräfte nicht miteinbezogen. Er hätte mehr Transparenz schaffen sollen, indem er die Vision gemeinsam mit den Beteiligten entwickelt, um auf diese Weise sicherzugehen, dass auch jeder mit ihr *d'accord* geht. Daraufhin hätte er mithilfe von den Beteiligten eine konsistente Strategie planen müssen, womit der Vision ein Schritt näher gekommen werden kann.

4. Kommunikation der Vision für mehr Verständnis und Akzeptanz

Anstatt die Vision nicht einmal zu erwähnen, hätte Bodo Müller die Arbeitsgruppe stetig immer wieder an die Vision erinnern müssen, damit alle ein klares Ziel vor Augen haben, wo es hingehen soll. Dadurch hätten alle an einem Strang ziehen können. Erst durch den Mehrfachkontakt wird die Vision (bewusst oder unbewusst) verinnerlicht.

5. Sichern von Handlungsfreiräumen und Befähigung von Mitarbeitern

Bodo Müller könnte beispielsweise eine interne Untersuchung durchführen, wobei er analysiert, welche Mitarbeiter dem Wandel grundsätzlich zugeneigt sind und welche den Wandel eher bremsen. Auf Basis dieser Untersuchung könnte Bodo Müller sich bremsender Strukturen entledigen und die motivierten Mitarbeiter so befähigen, aktiv am Wandel teilzuhaben.

6. Erreichen und Zelebrieren von kurzfristigen Erfolgen

In der Umsetzungsphase des Wandels muss Bodo Müller dafür Sorge tragen, dass zunähst realistische und schnell erreichbare Ziele festgelegt werden. Werden die ersten Ziele erreicht, gefeiert und belohnt, so stellt sich schnell eine Motivation der Teilhabenden ein.

7. Nicht-Nachlassen und Einleitung weiterer Veränderungen

Ist der Wandel erstmal losgetreten, so darf Bodo Müller sich nicht auf o.g. kleinen Erfolgen ausruhen, sondern er muss den Wandel stetig weiter vorwärtstreiben. Die Erfolge müssen analysiert (Was ist gut gelaufen? Was hätte besser laufen können?) und auf zukünftige Erfolge übertragen werden (Was können wir in Zukunft noch besser machen?).

8. Entwickeln und Verankern der neuen Kultur (Verhaltensweisen)

Die neuentwickelten Verhaltensnormen und gemeinsamen Werte müssen tief in der Unternehmenskultur verankert werden, damit der Wandel sichergestellt ist. Geschieht dies nicht, so kann es sein, dass das Unternehmen in alte Muster zurückfällt und folglich den Wandel wieder rückgängig macht. Das macht eine kontinuierliche Kommunikation der Normen und Werte notwendig. Weiterhin muss Bodo Müller sicherstellen, dass die Mitarbeiter und Führungskräfte (neue sowie alte) die Vision verinnerlichen, teilen und bestenfalls „vorleben".

3 Strategieimplementierung

3.1 Durchsetzung

In folgender Aufzählung werden drei konkrete Maßnahmen im Rahmen der Durchsetzung dargestellt, welche Bodo Müller bzw. die Gesundheits- und Medizintechnik AG einleiten könnten, damit die Strategie implementiert wird.

1. **Schaffung von Anreizen**

   Bodo Müller kann ein Anreizsystem einführen, welches Mitarbeiter dafür belohnt, wenn vorher festgelegte strategiebezogene Teilziele erreicht werden. Auf diese Weise wird der Erfolg der Individuen unmittelbar mit dem Erfolg bezüglich des Wandels verknüpft. Demzufolge werden die Mitarbeiter motiviert, sich am Wandel zu beteiligen.

2. **Darstellung von Vor- und Nachteilen**

   Bodo Müller kann in Besprechungen wiederholt Beispiele für Unternehmen darstellen, welche die veränderten Vorraussetzungen des Deutschen Marktes ignorieren und aufgrund dessen Marktanteile einbüßen müssen. Ebenso kann er Beispiele für Firmen darstellen, welche sich den veränderten Vorraussetzungen erfolgreich anpassen. So soll Führungskräften und Mitarbeitern die Dringlichkeit des Wandels näher gebracht werden.

3. **Steigern der Selbstwirksamkeitserwartung**

   Bodo Müller kann zunächst die Selbstwirksamkeitserwartung der einzelnen Mitarbeiter und Führungskräfte bezüglich des Wandels mittels Fragebogen erfassen. Im nächsten Schritt kann er diejenigen Mitarbeiter mit geringer Selbstwirksamkeitserwartung identifizieren und diese durch gezielte Schulung von Kompetenzen steigern.

3.2 Umsetzung

In folgender Aufzählung werden drei konkrete Maßnahmen im Rahmen der Umsetzung dargelegt, welche Bodo Müller bzw. die Gesundheits- und Medizintechnik AG einleiten könnten, damit die Strategie implementiert wird.

1. **Anpassung der Organisationsstruktur**

   Bodo Müller kann neue Prozesse etablieren, welche die Produktion und Vermarktung von effizienten und ökonomischen Produkten gewährleisten. Hierfür kann er einen Qualitätszirkel einführen, welcher die zu erledigenden Aufgaben bearbeitet. Dabei ist es wichtig, dass Mitarbeiter aus allen verschiedenen Schichten integriert werden.

2. **Beeinflussung und Nutzung der Unternehmenskultur**

   Bodo Müller kann die Unternehmenskultur durch Umfragen identifizieren und stärken, indem er informelle Führer zu Teamleitern befördert und/oder überzeugt. Diese Informellen Führer haben das Potential, die anderen mitzureißen und zu motivieren.

3. **Anpassung der Kompetenzen der Mitarbeiter und Führungskräfte**

   Bodo Müller muss dafür sorgen, dass seine Mitarbeiter sich durch Schulungen die notwendigen Kompetenzen aneignen, um den veränderten Anforderungen des deutschen Marktes gerecht zu werden. Außerdem kann er neue Führungspositionen an die motivierten und kompetenten Mitarbeiter vergeben, welche den Wandel beflügeln. Falls notwendig kann Bodo Müller auch neue Mitarbeiter anwerben.

4 Balance Scorecard

4.1 Ursache-Wirkungskette

In folgender Darstellung wird eine passende Ursache-Wirkungskette für die Gesundheits- und Medizintechnik AG vorgestellt.

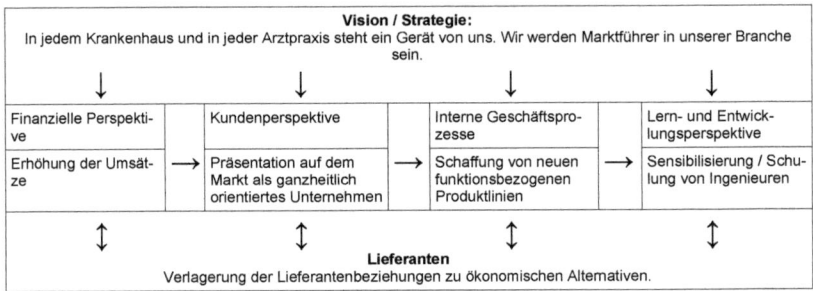

Tabelle 1: Ursache-Wirkungskette

4.2 Festlegung Ziele, Kennzahlen, Vorgaben und Maßnahmen

In folgender Tabelle werden auf Basis der in Tabelle 1 dargestellten Ursache-Wirkungskette Ziele, Kennzahlen, Vorgaben und Maßnahmen festgelegt.

Ebene	Inhalt	Ausmaß	Zeit	Kennzahl	Ausprägung
Finanziell	Erhöhung der Umsätze	Um 5% im Vergleich zum Vorjahr	In einem Jahr	Umsatz	Der Gesamtumsatz soll durch Senkung der Ausgaben und Erhöhung der Einnahmen gesteigert werden.
Kunden	Verlagerung der Umfragewerte von einem technologisch orientierten zu einem ganzheitlich orientierten Unternehmen	Mindestens 60%	In einem Jahr	Umfrage-werte in %	In einem Fragebogen soll erfasst werden, wie das Unternehmen am Markt wahrgenommen wird. Hierfür gibt es verschiedene Antwortmöglichkeiten, unter denen sich „technologisch orientiert" und „ganzheitlich orientiert" befinden. Am Ende des Geschäftsjahres sollen mindestens 60% der Befragten die Medizintechnik AG im Fragebogen als ganzheitliches Unternehmen bezeichnen.
Intern	Schaffung von mindestens 5 neuen, ganzheitlichen Produkten	5 Produkte	In einem Jahr	Anzahl der neuen Produkte	Es sollen bis zum Ende des Geschäftsjahres mindestens 5 neue Produkte entworfen sein, welche den neuen Herausforderungen des Deutschen Marktes gerecht werden.
Entwicklung	Sammeln von fachspezifischen Fortbildungspunkten (1 Punkt je Fortbildung)	4 Punkte	In einem Jahr	Fortbildungspunkte	Ingenieuren werden Fortbildungen angeboten, welche ihre Kompetenzen hinsichtlich der neuen ökonomischen Herausforderungen des deutschen Marktes schulen. Am Ende eines Jahres sollte jeder Ingenieur nachweisen können, mindestens vier Fortbildungen besucht zu haben.
Lieferanten	Senkung der Ausgaben beim Einkauf	Um 5% im Vergleich zum Vorjahr	In einem Jahr	Ausgaben für den Einkauf	Um einen ökonomischeren Verkaufspreis zu ermöglichen, müssen zunächst die Einkaufspreise gesenkt werden. So werden die Produkte vom C-Level als wirtschaftlich angesehen.

Tabelle 2: Festlegung Ziele

5 Unternehmensethik

5.1 Praxisbeispiel

Deepwater horizon – BP's Ölkatastrophe im Golf von Mexiko

Deepwater horizon bezeichnet die schwerste Ölkatastrophe in der Geschichte der USA. Im April 2010 explodierte die gleichnamige Bohrinsel des Konzerns BP im Golf von Mexiko. Die Folgen sind bis heute zu spüren.

Die Ölplattform mit 126 Mitarbeitern brannte 36 Stunden, bevor sie im Meer versank. Elf der Mitarbeiter werden bis heute vermisst.

Die Quelle, durch die das Öl ins Meer strömte, wurde erst 87 Tage nach der Katastrophe verschlossen.

Als Folgen der Katastrophe breiteten sich mehr als 380 Millionen Liter Öl in einem Öl-teppich von der Größe Jamaikas auf dem Meer aus und verseuchten 1000 Kilometer Küste (Welt, 2015).

5.2 Unternehmenswerte

Auf ihrer Internetseite stellt sich BP als verantwortungsvolles Unternehmen dar. Ihr Wertekodex beinhaltet Sicherheit, Respekt, hohe Qualität, Mut und Teamgeist. BP betrachtet sich weiterhin als zukunfts- und technologieorientiertes Unternehmen (BP, 2018).

5.3 Wertebruch

Laut Wikipedia (2018) beging der Ölkonzern wissentlich eine Reihe schwerer Fehler, welche mit der Ölkatastrophe in direktem Zusammenhang stehen. Fünf fragwürdige Entscheidungen wurden BP von den US-Abgeordneten vorgeworfen:

1. Die Verkleidung des Bohrloches war nur einwandig, obwohl eine interne Studie eine doppelwandige Verkleidung des Bohrloches empfahl.

2. Der Bohrschlamm wurde vor der Zementierung der Verkleidung nicht wenigstens einmal komplett zirkuliert. Dieser Prozess ist in einer Richtlinie des American Petroleum Institute festgehalten und dient zum Erkennen von Gas und Gesteinsbrocken.

3. BP verwendete zur Vorbereitung der Zementierung nur 6 Zentrierhülsen anstatt 21 (was von der Firma Halliburton nach eindeutigen Berechnungen empfohlen wurde).

4. BP sagte einen notwendigen Test der Zementschicht ab.

5. „Am oberen Ende des Bohrlochs wurde auf Befestigungselemente für das Auskleidungsrohr verzichtet." (Wikipedia, 2018)

Des Weiteren fielen am Abend des Unglücks vier Belastungstests der Bohrung mangelhaft aus. BP erklärte die Befestigungsarbeiten dennoch für abgeschlossen.

Belastungsanstiege, welche vor einem nahenden Blowout hätten warnen können, wurden missinterpretiert bzw. ignoriert.

Das Alarmsystem versuchte fortlaufend akustischen und optischen Alarm zu geben, welcher jedoch im Steuerrechner unterdrückt wurde. Der Vorgesetzte gab trotz mehrmaliger Warnung des Chefelektrikers an, die Schiffsbesatzung nicht aufgrund eines Fehlalarms wecken zu wollen.

Auch der sogenannte „Blowout-Preventer" wies erhebliche Mängel auf.

Laut Wikipedia (2018) waren diese Entscheidungen wahrscheinlich durch finanzielle Aspekte motiviert. Dem Unternehmen wird vorgeworfen, eine falsche Sicherheitsstrategie verfolgt zu haben. „Das Sicherheitsmanagement setzte nicht bei sicheren Prozessen an, sondern beim Arbeitsschutz für einzelne Personen." (Wikipedia, 2018)

Auch eine Vorrichtung, welche ein Ölleck im Falle eines Unfalles verschließen könne, war nicht gegeben. Die Bohrerlaubnis wurde nur unter dem Vorbehalt erteilt, dass BP eine solche Vorrichtung anbringe.

Die Schuld an der Umweltkatastrophe versuchte BP im Anschluss auf den Betreiber der Bohrinsel sowie auf die Lieferanten abzuwälzen.

Durch die Missachtung verschiedener Hinweise und Warnungen bricht BP den Wert der Sicherheit. Auch die Missachtung des Chefelektrikers zeugt nicht gerade von Sicherheit und Respekt. Doch nicht nur der Respekt gegenüber den Mitarbeitern ist nicht gegeben, sondern auch der Respekt gegenüber der Umwelt. Der Ölkonzern gefährdete fahrlässig das Leben seiner Mitarbeiter sowie die Umwelt.

Die fehlerhaften Mechanismen an Bord der Ölplattform strafen die Aussage Lügen, das Unternehmen lege Wert auf Qualität.

Auch die Verantwortung versuchte BP letzten Endes von sich zu weisen. Dies ist ebenfalls ein großer Vertrauensbruch gegenüber den kooperierenden Firmen. Im Vorhinein wurde die Verantwortlichkeit im Falle einer Umweltkatastrophe sogar vertraglich festgehalten (Wikipedia, 2018).

Die vielen technischen Mängel sprechen gegen die Aussage BP's, ein zukunfts- und technologieorientiertes Unternehmen zu sein.

5.4 Konsequenzen

BP wurde eine Strafe von 4,5 Mrd. US-Dollar auferlegt. Darüber hinaus musste der Ölkonzern weitere 38,1 Mrd. US-Dollar aufwenden, um die Folgekosten der Ölpest zu bewältigen, von welchen bereits 14 Mrd. ausgezahlt wurden. (Wikipedia, 2018).

Doch auch der Vertrauensbruch gegenüber den Lieferanten und Kunden dürfte für den Ölkonzern nicht leicht zu überwinden sein, da eine Kooperation mit diesem „Wertebrecher" nicht wünschenswert ist.

6   Literaturverzeichnis

Welt (2015). Die lange Katastrophe der „Deepwater Horizon". Zugriff am 08.06.18 Verfügbar unter https://www.welt.de/wissenschaft/article139533067/Die-lange-Katastrophe-der-Deepwater-Horizon.html

Wikipedia (2018). Deepwater Horizon. Zugriff am 08.06.18 Verfügbar unter https://de.wikipedia.org/wiki/Deepwater_Horizon

British Petroleum (2018). BP Global – Who we are. Zugriff am 10.06.18 Verfügbar unter https://www.bp.com/en/global/corporate/who-we-are.html

7 Tabellenverzeichnis

7.1 Tabellenverzeichnis

BEI GRIN MACHT SICH IHR WISSEN BEZAHLT

- Wir veröffentlichen Ihre Hausarbeit,
  Bachelor- und Masterarbeit

- Ihr eigenes eBook und Buch -
  weltweit in allen wichtigen Shops

- Verdienen Sie an jedem Verkauf

Jetzt bei www.GRIN.com hochladen
und kostenlos publizieren